만점 받는 어휘 사전

초등 3학년 사회

만점 받는 어휘 사전 [초등 3학년 사회]

글보라(초등 교사 모임) **글** 양미연 **그림**
초판 1쇄 발행일 2025년 4월 20일
펴낸이 박봉서 **펴낸곳** (주)크레용하우스 **출판등록** 제1998-000024호
편집 이민정 · 최은지 **디자인** 이혜인 **마케팅** 한승훈 · 신빛나라 **제작** 김금순
주소 서울 광진구 천호대로 709-9 **전화** (02)3436-1711 **팩스** (02)3436-1410
인스타 @crayonhouse.book **이메일** crayon@crayonhouse.co.kr

ISBN 979-11-7121-178-4 74700

만점 받는 어휘 사전

초등 3학년 사회

글보라(초등 교사 모임) 글 | 양미연 그림

크레용하우스

여는 말

어휘 공부도 연습이 필요해

1, 2학년 통합 교과서와는 달리 3학년 사회 교과서에는 새로운 낱말들이 많이 나옵니다. “장소감이 뭐예요?” “지명이 땅 이름이죠?” “공공 기관이 뭐예요?”

학생들의 쏟아지는 질문에 사회 시간은 국어 시간이 됩니다. 새로운 낱말의 뜻을 배우다 보면 사회 교과에 대해 온전히 공부하지 못할 때가 있습니다. 많은 선생님들이 새로운 낱말의 뜻을 설명하다 보니 수업 시간이 부족하다고 느끼죠. 학생들도 새로운 낱말을 이해하지 못하면 개념을 바탕으로 배워야 하는 사회 교과가 어렵게 느껴집니다. 사회 교과는 개념 이해에 많은 시간이 필요하고 지식의 활용 및 가치 탐구 시간도 적절히 분배되어야 깊이 있는 교과 지식을 얻을 수 있습니다. 교과 공부의 목표는 지식의 활용과 새로운 가치 탐구, 진로 탐구입니다. 따라서 사회 교과의 모든 영역에 대한 공부를 수월하게 하기 위해서는 관련 낱말을 살펴보는 공부가 필요합니다.

초등학교 3학년부터 본격적으로 시작하는 교과별 공부에서 낱말의 뜻을 이해하는 것은 배움의 시작입니다. 여러 상황에서 새로운 낱말을 찾아 뜻을 살필 수 있어야 합니다. 그래서 다양한 방법으로 새로운 낱말을 배우는 연습이 필요합니다. 배움의 과정에서는 늘 새로운 낱말들이 나옵니다. 교과서뿐 아니라 선생님과 학생이 주고받는 말에서도 많은 새로운 낱말들을 만나게 됩니다. 따라서 교과서에 나오는 낱말도 배우고 학생 스스로 새로운 낱말을 살펴 뜻을 찾는 방법을 배우는 교재가 필요합니다. 그러기 위해 낱말의 단순한 이해와 쓰기가 아니라, 문해력을 바탕으로 낱말의 뜻을 생각하는 활동이 중심이 되는 교재여야 합니다.

 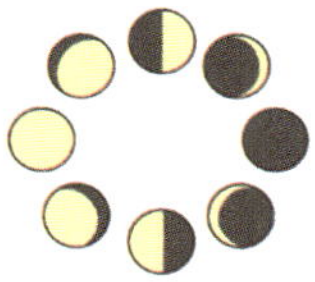  

이 책은 낱말을 배우고 그 낱말과 연결된 새로운 낱말을 찾아서 공부하도록 구성했습니다. 또 학생들의 눈높이와 낱말의 계열성을 고려한 분류 방법으로 배움 낱말을 선정하여 쉽게 배울 수 있는 교재를 만들었습니다.

이 책은 학교별로 선택하여 사용하고 있는 3학년 검인정 사회 교과서를 모두 분석하여 찾은, 학생들이 알아야 하는 주요 낱말을 다루고 있습니다. 출판사별 교과서의 영역과 단원이 비슷하기에 모든 교과서에 다 적용할 수 있습니다. 이 책의 영역과 단원은 사회 교과서 영역과 단원을 그대로 반영하였는데 단원의 처음에는 중심 낱말을 바탕으로 한 성취 기준을 제시하여 단원 학습의 이해를 도왔습니다.

이 책의 기획과 개발에 직접 학생들을 가르치고 있는 여러 명의 선생님들이 참여했습니다. 수십 년 간의 교육 경험을 바탕으로 학생들의 어휘력 수준을 함께 분석하고 그 결과를 살펴 3학년 사회 교과서의 주요 낱말을 선정했습니다. 또한 학교에서 십여 년 이상 배움 중심의 수업을 하며 얻은 사례를 참고하여 학생들이 스스로 공부하는 법을 배우는 교재를 만들었습니다. 학생들이 자신의 삶을 가꾸어 갈 때 가장 필요한 것은 배움에 대한 진지하고 꾸준한 자세입니다. 그러한 배움의 기초가 되는 낱말을 꾸준히 공부하면 새로운 낱말에 대한 탐구 태도가 향상되고 그 과정에서 진정한 배움을 경험하게 될 것입니다.

2025년 4월 가평에서

글보라 씀

이 책의 구성

천천히 읽어 보아요 에서는

만화나 이야기 속에 들어 있는 새로운 낱말과 이미 알고 있었던 낱말과의 관계를 살피며 낱말의 쓰임으로 뜻을 생각해 볼 수 있습니다. 낱말만 배우는 것이 아니라 단원의 주제와 관련하여 여러 낱말의 개념을 연결해 뜻을 이해할 수 있습니다.

1. 우리가 사는 곳 ①

우리가 사는 곳에는 어떤 장소들이 있을까요? 주변 여러 장소를 둘러보고 경험과 느낌을 이야기해 봐요. 이 내용과 관련된 낱말을 먼저 알아보아요.

천천히 읽어 보아요

12

반갑다, 새 낱말!

내가 알고 있는 낱말에 V 표시하세요.

□ 누리집 □ 시설 □ 위치 □ 지형지물 □ 공공 기관
□ 안내도 □ 배치 □ 경계 □ 장소감

낱말, 쉽게 설명할게요

누리집
뜻 홈페이지
친구 설명 인터넷 사이트를 누르면 나오는 페이지, 인터넷상에서 설명하고 자료를 올리는 공식적인 공간
활용 학교 누리집에 들어가면 많은 정보가 있어.

시설
뜻 무엇을 하기 위한 도구나 기계, 장치를 설비함
친구 설명 우리 생활을 편리하게 해 주는 것, 사람에게 도움을 주기 위해 만든 장치나 건물
활용 지하철역에 있는 엘리베이터는 장애인이나 움직이기 불편한 사람들을 위한 시설이다.

위치
뜻 어떤 것이 있는 자리
친구 설명 사람이나 물건이 있는 자리, 물건이 있는 곳을 정확하게 딱 짚어서 말할 때
활용 너 지금 있는 위치가 어디야?

13

반갑다, 새 낱말 에서는

각 단원에서 배우는 새로운 낱말 중에 내가 알고 있는 낱말이 있는지 살피며 자연스럽게 모르는 낱말에 대한 호기심을 가지게 됩니다.

낱말, 쉽게 설명할게요 는

낱말의 뜻을 풀이하고 활용 예시를 제시했습니다. 필요한 경우 또래 친구들의 낱말에 대한 설명을 넣어 더 쉽게 낱말의 뜻을 살펴볼 수 있습니다. 낱말마다 그림을 통해 뜻을 확인할 수 있습니다.

낱말, 확인해 보아요 에서는

낱말의 뜻과 쓰임을 복습할 수 있도록 다양한 문제를 냈습니다. 온전한 개념 이해를 위해 낱말의 뜻을 찾아보는 문제, 문해력 향상을 위한 생각 중심의 문제 등 창의적 문제 해결력을 높이기 위해 단순 반복적인 문제는 피했습니다.

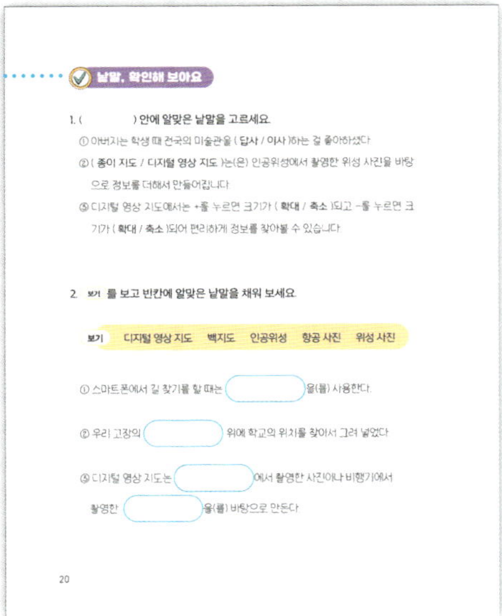

낱말, 확인해 보아요

1. (   ) 안에 알맞은 낱말을 고르세요.

① 아버지는 학생 때 전국의 미술관을 (답사 / 이사)하는 걸 좋아하셨다.

② (종이 지도 / 디지털 영상 지도)는(은) 인공위성에서 촬영한 위성 사진을 바탕으로 정보를 더해서 만들어집니다.

③ 디지털 영상 지도에서는 +를 누르면 크기가 (확대 / 축소)되고 –를 누르면 크기가 (확대 / 축소)되어 편리하게 정보를 찾아볼 수 있습니다.

2. 보기 를 보고 빈칸에 알맞은 낱말을 채워 보세요.

보기 디지털 영상 지도 백지도 인공위성 항공 사진 위성 사진

① 스마트폰에서 길 찾기를 할 때는 (   )을(를) 사용한다.

② 우리 고장의 (   ) 위에 학교의 위치를 찾아서 그려 넣었다.

③ 디지털 영상 지도는 (   )에서 촬영한 사진이나 비행기에서 촬영한 (   )을(를) 바탕으로 만든다.

20

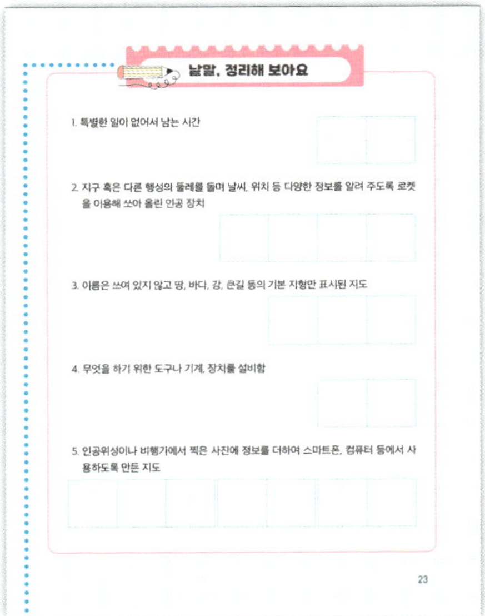

낱말, 정리해 보아요

1. 특별한 일이 없어서 남는 시간

2. 지구 혹은 다른 행성의 둘레를 돌며 날씨, 위치 등 다양한 정보를 알려 주도록 로켓을 이용해 쏘아 올린 인공 장치

3. 이름은 쓰여 있지 않고 땅, 바다, 강, 큰길 등의 기본 지형만 표시된 지도

4. 무엇을 하기 위한 도구나 기계, 장치를 설비함

5. 인공위성이나 비행기에서 찍은 사진에 정보를 더하여 스마트폰, 컴퓨터 등에서 사용하도록 만든 지도

23

낱말, 정리해 보아요 에서는

각 단원에서 배운 낱말을 떠올리며 알맞은 낱말을 써 봅니다. 글씨를 바르게 쓰는 연습을 할 수 있습니다.

차례

1 우리가 사는 곳

누리집	시설	위치	지형지물
공공 기관	안내도	배치	경계
장소감	백지도	인공위성	디지털 영상 지도
확대	축소	여가	답사

1. 우리가 사는 곳 ①

우리가 사는 곳에는 어떤 장소들이 있을까요? 주변 여러 장소를 둘러보고 경험과 느낌을 이야기해 봐요. 이 내용과 관련된 낱말을 먼저 알아보아요.

천천히 읽어 보아요

잘 모르는 낱말은 낱말, 쉽게 설명할게요 를 참고해요!

반갑다, 새 낱말!

내가 알고 있는 낱말에 V 표시하세요.

□ 누리집 □ 시설 □ 위치 □ 지형지물 □ 공공 기관

□ 안내도 □ 배치 □ 경계 □ 장소감

낱말, 쉽게 설명할게요

누리집

뜻 홈페이지

친구 설명 인터넷 사이트를 누르면 나오는 페이지, 인터넷상에서 설명하고 자료를 올리는 공식적인 공간

활용 학교 누리집에 들어가면 많은 정보가 있어.

시설

뜻 무엇을 하기 위한 도구나 기계, 장치를 설비함

친구 설명 우리 생활을 편리하게 해 주는 것, 사람에게 도움을 주기 위해 만든 장치나 건물

활용 지하철역에 있는 엘리베이터는 장애인이나 움직이기 불편한 사람들을 위한 시설이다.

위치

뜻 어떤 것이 있는 자리

친구 설명 사람이나 물건이 있는 자리, 물건이 있는 곳을 정확하게 딱 짚어서 말할 때

활용 너 지금 있는 위치가 어디야?

지형지물

뜻 땅의 생김새와 땅 위에 있는 것들

친구 설명 땅의 모양과 땅 위에 있는 물체나 건물들

활용 지형지물이 복잡한 곳에서는 길 찾기가 어렵다.

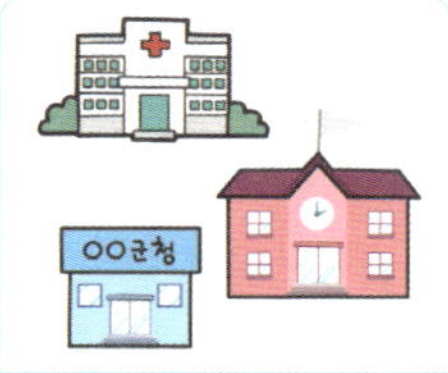

공공 기관

뜻 나랏일을 하는 기구나 조직

친구 설명 시청이나 군청 같은 곳, 여러 사람이 사용하는 곳

활용 우리 마을에는 주민 센터, 지구대, 우체국 같은 공공 기관이 모여 있어.

안내도

뜻 알려 주고자 하는 내용을 그린 그림이나 지도

친구 설명 어디 갔을 때 편리하도록 길을 안내해 주는 지도

활용 놀이공원 안내도에서 재미있는 놀이기구부터 찾아 타자.

배치

뜻 사람이나 물건 등을 일정한 자리에 둠

친구 설명 어떤 것을 필요한 곳에 놓는 것, 자리를 잡아 놓는 것

활용 가구 배치를 바꾸니까 다른 집이 된 거 같아.

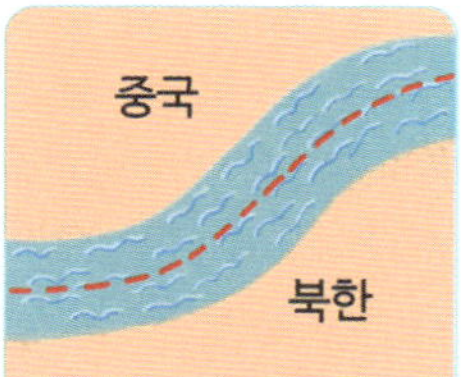

경계

뜻 구분이 되는 선이나 그 한계

친구 설명 나라와 나라 사이의 보이지 않는 선, 나라를 나누는 것

활용 북한 사람이 경계를 넘어 중국으로 탈출했대.

여기서 잠깐: '경계'에는 나쁜 일이 생기지 않도록 조심한다는 뜻도 있어.

장소감

뜻 어떤 장소에 대해 느끼는 감정이나 의미

친구 설명 장소에 대한 나만의 느낌

활용 사람마다 학교에 대해 느끼는 장소감은 다르다.

낱말, 확인해 보아요

1. 낱말의 뜻을 바르게 설명한 것을 모두 고르세요. (   )

① **공공 기관:** 많은 사람들이 일을 하는 건물

② **안내도:** 알려 주고자 하는 내용을 그린 그림이나 지도

③ **시설:** 나랏일을 하는 단체나 장소

④ **배치:** 일정한 자리에 둠

⑤ **누리집:** 나무나 풀 등 자연물을 이용해서 지은 집

2. '장소감'에 대해 바르게 설명한 친구는 누구인가요? (   )

 **윤혁:** 우리 생활을 편리하게 도와주는 시설이야.

 **경빈:** 어떤 일이 일어나거나 이루어지는 곳을 말해.

 **아윤:** 놀이공원, 박물관, 도서관 이런 곳을 장소감이라고 해.

 **동선:** 학교 급식실에 대한 장소감은 각자 다를 수도 있어.

3. 밑줄 친 낱말과 바꾸어 쓸 수 있는 낱말에 O 하세요.

① 영화 상영 시간은 극장의 홈페이지 (누리집 / 장소감)에 들어가서 확인하면 돼.

② 119에 신고할 때는 정확한 위치 (배치 / 장소)를 알리는 것이 중요하다.

4. (　　　　　)에 공통으로 들어갈 수 있는 낱말은 무엇일까요?

① 이수가 전학 간 학교는 새로 지어서 (　　　　)이 정말 좋대.

② 사람들이 많이 찾는 관광지에는 숙박 (　　　　)과 여러 가지 편의 (　　　　) 이 많이 필요하다.

③ 고속도로에서 브레이크가 고장 난 자동차가 안전하게 멈출 수 있는 긴급 제동 (　　　　)을 보았어.

→ ....

5. 다음 중 다른 문장과 '경계'의 뜻이 다르게 쓰인 하나를 고르세요. (　　　　)

① 나라와 나라 사이의 경계를 국경이라고 한다.

② 고양이는 경계심이 강한 동물이라서 친해지기가 어렵다 .

③ 경계석은 인도와 차도, 땅과 길을 구분하기 위해 가장자리에 설치하는 띠 모양의 돌을 말한다.

④ 학교 뒤는 경계가 없이 그대로 산이었다.

1. 우리가 사는 곳 ②

우리가 사는 곳을 더 살기 좋은 곳으로 만들려면 어떻게 해야 할까요? 이 내용과 관련된 낱말을 먼저 알아보아요.

천천히 읽어 보아요

잘 모르는 낱말은 낱말, 쉽게 설명할게요 를 참고해요!

반갑다, 새 낱말!

내가 알고 있는 낱말에 V 표시하세요.

☐ 백지도　☐ 디지털 영상 지도　☐ 인공위성

☐ 확대　☐ 축소　☐ 여가　☐ 답사

낱말, 쉽게 설명할게요

백지도

뜻 이름은 쓰여 있지 않고 땅, 바다, 강, 큰길 등의 기본적인 지형만 그려져 있는 지도

친구 설명 기본 지도

활용 백지도에서 우리 학교와 우리 집의 위치를 찾아서 표시해 보자.

디지털 영상 지도

뜻 인공위성이나 비행기에서 찍은 사진에 정보를 더하여 스마트폰, 컴퓨터 등에서 사용하도록 만든 지도

친구 설명 내비게이션 화면

활용 디지털 영상 지도는 자동차 내비게이션, 스마트폰 길 찾기에 활용되고 있어.

인공위성

뜻 지구 혹은 다른 행성의 둘레를 돌며 날씨, 위치 등 다양한 정보를 알려 주도록 로켓을 이용해 쏘아 올린 인공 장치

친구 설명 우주에서 다른 행성들을 관찰하는 우주선

활용 밤하늘에 유난히 반짝이는 별은 인공위성일 수도 있다.

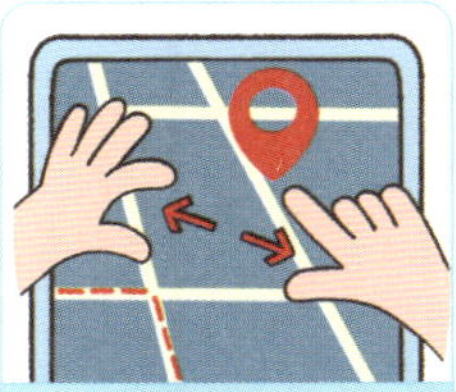

확대

뜻 넓혀서 크게 함

친구 설명 늘리기, 크게 만들기, 화면을 늘린다

활용 작은 글자를 돋보기로 보니 크게 확대되어 잘 보인다.

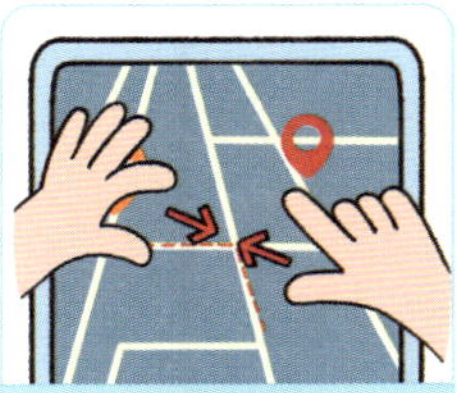

축소

뜻 줄여서 작게 함

친구 설명 줄이기, 작게 만들기, 화면을 줄인다

활용 사진 크기를 축소해서 용량을 줄였다.

여가

뜻 특별한 일이 없어서 남는 시간

친구 설명 노는 시간, 가족들과 놀러 가는 시간

활용 여가 시간에는 주로 뭘 하세요?

답사

뜻 어떤 장소에 직접 가서 살펴보고 조사하는 일

친구 설명 현장 체험 학습 같은 것

활용 신라 시대의 역사 유적지를 답사하러 가자.

여기서 잠깐: 답사는 환영사나 환송사 등에 답한다는 의미도 있어.

낱말, 확인해 보아요

1. (   ) 안에 알맞은 낱말을 고르세요.

① 아버지는 학생 때 전국의 미술관을 (**답사 / 이사**)하는 걸 좋아하셨다.

② (**종이 지도 / 디지털 영상 지도**)는(은) 인공위성에서 촬영한 위성 사진을 바탕으로 정보를 더해서 만들어집니다.

③ 디지털 영상 지도에서는 +를 누르면 크기가 (**확대 / 축소**)되고 −를 누르면 크기가 (**확대 / 축소**)되어 편리하게 정보를 찾아볼 수 있습니다.

2. 보기 를 보고 빈칸에 알맞은 낱말을 채워 보세요.

보기	디지털 영상 지도	백지도	인공위성	항공 사진	위성 사진

① 스마트폰에서 길 찾기를 할 때는 (   )을(를) 사용한다.

② 우리 고장의 (   ) 위에 학교의 위치를 찾아서 그려 넣었다.

③ 디지털 영상 지도는 (   )에서 촬영한 사진이나 비행기에서 촬영한 (   )을(를) 바탕으로 만든다.

3. 밑줄 친 낱말이 보기 와 같은 뜻으로 쓰인 것을 모두 고르세요. (　　　　　)

보기　직접 현장에 가서 살펴보는 것

① 체험 학습을 가는 박물관의 답사를 다녀왔어.

② 우리 반 회장이 졸업생을 대표해서 답사를 했다.

③ 이번 주 주말에 우리는 경복궁으로 답사를 가기로 했어.

④ 친구는 준비해 온 답사를 읽었어.

4. 낱말과 그림을 알맞게 연결하세요.

① 디지털 영상 지도　　② 백지도　　③ 항공 사진

㉠

㉡

㉢

5. 보기 에서 2개 이상의 낱말을 골라 문장을 만들어 보세요.

보기

백지도 디지털 영상 지도 확대

축소 여가 인공위성

낱말, 정리해 보아요

1. 특별한 일이 없어서 남는 시간

2. 지구 혹은 다른 행성의 둘레를 돌며 날씨, 위치 등 다양한 정보를 알려 주도록 로켓을 이용해 쏘아 올린 인공 장치

3. 이름은 쓰여 있지 않고 땅, 바다, 강, 큰길 등의 기본 지형만 표시된 지도

4. 무엇을 하기 위한 도구나 기계, 장치를 설비함

5. 인공위성이나 비행기에서 찍은 사진에 정보를 더하여 스마트폰, 컴퓨터 등에서 사용하도록 만든 지도

6. 구분이 되는 선이나 한계

7. 어떤 것이 있는 자리

8. 어떤 장소에 대해 느끼는 감정이나 의미

9. 사람이나 물건 등을 일정한 자리에 둠

10. 땅의 생김새와 땅 위에 있는 것들

11. 나랏일을 하는 단체 또는 기구나 조직

12. 홈페이지

13. 알려 주고자 하는 내용을 그린 그림이나 지도

14. 넓혀서 크게 함

15. 줄여서 작게 함

16. 어떤 장소에 직접 가서 살펴보고 조사하는 일

2 일상에서 만나는 과거

역사	시대	연대(년대)	세대
후손	가치	자긍심	자료
복원	건축물	기록	애장품
지역	유래	지명	전설
증언	문헌	유물	문화유산

2. 일상에서 만나는 과거 ①

일상에서 경험한 시간의 흐름과 시간의 흐름에 따라 중요한 일들을 정리해 봅니다. 이 내용과 관련된 낱말을 먼저 알아보아요.

천천히 읽어 보아요

잘 모르는 낱말은 낱말, 쉽게 설명할게요 를 참고해요!

반갑다, 새 낱말!

내가 알고 있는 낱말에 V 표시하세요.

☐ 역사 ☐ 시대 ☐ 연대(년대) ☐ 세대

☐ 후손 ☐ 가치 ☐ 자긍심

낱말, 쉽게 설명할게요

역사

뜻 사회의 변화된 모습과 과정

친구 설명 옛날에 있었던 일

활용 역사를 바르게 알아야 미래를 잘 준비할 수 있어.

여기서 잠깐: '역사관'은 역사 속에 사용되었던 물건이나 기록들을 모아 둔 곳이야.

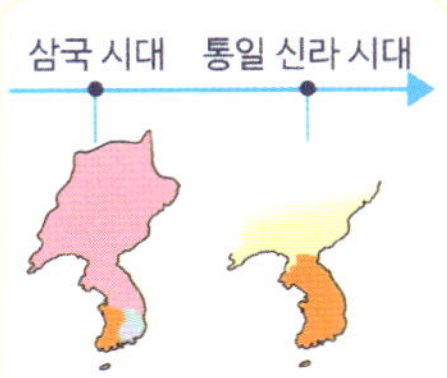

시대

뜻 어떤 기준에 의하여 구분한 일정한 기간

친구 설명 비슷한 시기를 묶어서 말하는 것

활용 삼국 시대에는 어떤 나라가 있었니?

연대(년대)

뜻 일정한 연 단위로 시간을 나누는 것

친구 설명 2000년대처럼 묶어서 말하는 것

활용 1900년대에는 사람들이 무슨 옷을 입었을까?

여기서 잠깐: 연도는 일 년 동안의 기간 즉, 그 해를 말해. 예) 2025년도

세대

뜻 시대를 구분하는 30년 정도의 기간, 같은 시대를 살아가는 비슷한 나이의 사람들

친구 설명 엄마 세대 내 세대

활용 할머니 세대가 어렸을 적에는 휴대 전화가 없었대.

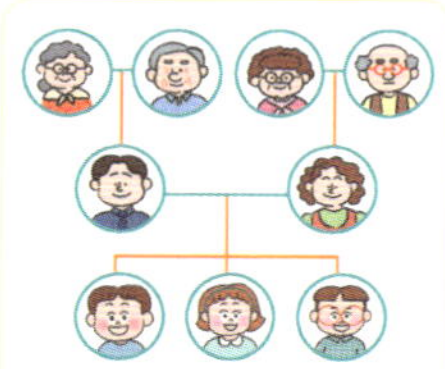

후손

뜻 자녀와 자녀의 자녀, 그 자녀의 자녀들을 모두 이르는 말

친구 설명 내 아들의 아들의 손주의 손주의 딸의 손주의…….

활용 우리 후손은 달나라로 체험 학습을 갈 것 같아.

가치

뜻 사물이 지니고 있는 쓸모

친구 설명 계속 가지고 있을 만한 것

활용 가치가 있다고 생각하는 일을 더 열심히 하게 된다.

자긍심

뜻 무언가를 스스로 자랑스럽게 여기는 마음

친구 설명 우리나라 선수가 금메달 따면 나도 기분이 좋아지는 마음

활용 대한민국 사람은 태극기를 보면 자긍심을 느낍니다.

낱말, 확인해 보아요

1. 빈칸에 어울리는 낱말을 보기 에서 찾아 쓰세요.

보기 연대 역사관 자긍심 가치

① 국립 중앙 박물관은 우리나라의 대표적인 (　　　　　　)이야.

② 손흥민 선수의 축구 경기를 보니 대한민국 사람으로서 (　　　　　　)을 느껴.

2. 보기 의 물건들을 비슷한 시대끼리 분류해 써 보세요.

보기 지게 스마트폰 절구 짚신 로봇 청소기 빨래 건조기

1800년대 ▶

2000년대 ▶

3. 빈칸에 들어갈 낱말을 순서대로 연결한 것을 고르세요. (   )

2020(㉠) 대부분의 사람들은 스마트폰을 사용해.
스마트폰으로 많은 것을 할 수 있어서 스마트폰에 의존하는
사람들이 생겨났어. 2025(㉡)에도 스마트폰에
심하게 의존하는 사람들은 점점 늘고 있단다.
이처럼 우리는 스마트폰 (㉢)에 살고 있어.
스스로 절제하며 잘 사용할 수 있도록 노력해 보자.

① 년도-년대-시대
② 년대-년도-시대
③ 년대-시대-년도
④ 시대-년대-년도

4. 빈칸에 공통으로 들어갈 낱말을 쓰세요.

- 이 그림은 문화유산으로 충분히 (   )가 있다고 생각해.
- 모든 생명에는 보호받아야 할 충분한 (   )가 있어.
- 돈과 행복 중 어떤 것이 더 (   ) 있다고 생각하니?

➡ ....

5. 빈칸에 공통으로 들어갈 낱말을 쓰세요.

- 나는 엄마랑 (　　　　) 차이가 나서 이야기를 할 수가 없어.

- 요새 사람들이 자꾸 MZ (　　　　) 라고 하는데, MZ 뜻이 뭘까?

➡ ....

6. 보기 는 '세대'의 여러 가지 뜻입니다. 밑줄 친 부분은 어떤 뜻으로 쓰였는지 보기 에서 골라 기호를 쓰세요.

보기

㉠ 같은 시기를 살면서 비슷한 생각을 가지는 비슷한 나이대의 사람들
㉡ 생물이 태어나서 자란 후 자신의 아기를 낳을 때까지 걸리는 시간
㉢ 한 집에서 같이 사는 사람의 집단을 세는 단위

① 우리 아파트에는 300세대가 살고 있다.

(　　　　)

② 사람의 한 세대는 보통 30년이지만 초파리는 보통 12일을 한 세대라고 한다.

(　　　　)

③ 요즘 텔레비전에서 MZ 세대라는 말이 자주 나와서 찾아 보니 초등학생인 나는 MZ 세대가 아니고 알파 세대였다.

(　　　　)

2. 일상에서 만나는 과거 ②

주변의 오래된 물건을 통해 옛날 사람들이 어떻게 살았을지 상상해 본 적 있나요? 오래된 물건이나 건축물을 통해 과거의 모습을 살펴봅니다. 이 내용과 관련된 낱말을 먼저 알아보아요.

천천히 읽어 보아요

잘 모르는 낱말은 낱말, 쉽게 설명할게요 를 참고해요!

202X년 5월 7일 수요일 맑음

타임머신 타고 과거 속으로 출발!

오늘은 학교에서 한국 민속촌으로 체험 학습을 갔다. 민속촌에는 옛날 사람들이 쓰던 물건이나 건축물들이 그대로 재현되어 있어서 몇 백 년 전으로 타임머신을 타고 온 것 같았다.

선생님이 내 주신 미션을 위해 자료를 찾으러 생활사 박물관에 들어갔다. 미션을 빨리 해결하기 위해 친구가 찾고 내가 기록하기로 했다. 아궁이에 땔감을 넣으며 가마솥에 밥을 하는 사진이 있었다. 복원을 해서 그런지 색깔이 선명하고 그 당시 부엌의 모습도 뚜렷이 잘 보였다. 우리 할머니의 애장품인 재봉틀도 볼 수 있었다. 오늘의 미션 완료!

반갑다, 새 낱말!

내가 알고 있는 낱말에 V 표시하세요.

□ 자료 □ 복원 □ 건축물 □ 기록 □ 애장품

낱말, 쉽게 설명할게요

자료

뜻 연구나 조사 따위의 바탕이 되는 재료

친구 설명 글, 사진, 음성, 영상 같은 재료

활용 보고서를 쓸 때는 **자료**를 어디서 구했는지 명확히 밝혀야 해.

복원

뜻 원래대로 회복함

친구 설명 문화재 같은 것을 원래의 모습대로 돌려놓는 것

활용 이 궁궐은 한국 전쟁 중에 불타 무너졌지만 현재 잘 **복원**되었어.

건축물

뜻 땅 위에 지은 구조물 중에서 지붕, 기둥, 벽이 있는 건물을 통틀어 이르는 말

활용 시대마다 **건축물**의 지붕과 기둥 모양이 다르구나.

기록

뜻 어떤 사실을 기억하기 위해 남겨 놓은 것 또는 그런 글

활용 할아버지의 일기장에는 할아버지의 어릴 적 모습이 생생하게 기록되어 있다.

여기서 잠깐: 운동 경기에서 세운 성적이나 결과를 수치로 나타낸 것도 기록이라고 하지. 특히 가장 높은 성적을 말할 때 말이야. 2024 파리 올림픽에서 우리나라는 양궁 여자 단체전 10연속 금메달이라는 대기록을 달성했단다.

애장품

뜻 소중히 간직하는 물품

친구 설명 가장 아끼는 물건

활용 자기의 애장품이 뭔지 소개해 볼까?

낱말, 확인해 보아요

1. 밑줄 친 낱말이 보기 와 같은 뜻으로 쓰인 것을 모두 고르세요. (　　　　)

> **보기** 어떤 사실을 기억하기 위해 남겨 놓은 것 또는 그런 글

① 올여름은 역사상 가장 긴 열대야 기록을 세웠다.

② 잊어버리지 않게 오늘 배운 내용은 바로 기록하는 게 좋겠지.

③ 요즈음에는 종이에 기록하기보다는 스마트폰 같은 디지털 기기에 기록하는 경우가 많다.

④ 올림픽에서 우리나라 수영 선수가 세계 신기록을 깨고 금메달을 땄다.

2. 빈칸에 들어갈 낱말을 순서대로 연결한 것을 고르세요. (　　　　　　)

경복궁은 1395년 조선이 세워지면서 처음 지어졌다.
하지만 1592년 임진왜란 때 왜적이 한양까지 쳐들어오면서
완전히 불에 타 버렸다고 (　　㉠　　)되었다. 경복궁뿐 아니라
그 당시의 훌륭한 (　　㉡　　)이 임진왜란 중에 불타 없어지고
말았다. 타 버린 채로 남겨졌던 경복궁은 1865년에
(　　㉢　　)을 하여 옛 모습을 되찾았다.

① ㉠ 복원 - ㉡ 건축물 - ㉢ 기록　　② ㉠ 기록 - ㉡ 복원 - ㉢ 건축물

③ ㉠ 건축물 - ㉡ 기록 - ㉢ 복원　　④ ㉠ 기록 - ㉡ 건축물 - ㉢ 복원

3. 다음 (　　　　　　)에 공통으로 들어갈 말은 무엇일까요? 보기 에서 찾아 쓰세요.

보기 복원　자료　기록　물건　증거

① 체험 학습 활동지를 써야 하는데 인터넷에서 (　　　　)를(을) 찾아볼까?

② 과학 박물관에는 과학의 역사에 대한 (　　　　)가(이) 엄청 많다.

③ 영상, 소리, 글, 사진 등 모든 것이 보고서의 (　　　　)가(이) 될 수 있다.

➡ ....

4. 나의 애장품을 하나 골라 친구에게 소개하는 글을 쓰세요.

나의 애장품: ....

소개하기: ....

....

....

....

....

....

....

....

2. 일상에서 만나는 과거 ③

지역과 관련된 역사 자료를 통하여 지역의 역사적인 유래와 특징을 알아보면서 내가 사는 곳에 대해 배웁니다. 이 내용과 관련된 낱말을 먼저 알아보아요.

천천히 읽어 보아요

잘 모르는 낱말은 낱말, 쉽게 설명할게요 를 참고해요!

반갑다, 새 낱말!

내가 알고 있는 낱말에 V 표시하세요.

☐ 지역　☐ 유래　☐ 지명　☐ 전설

☐ 증언　☐ 문헌　☐ 유물　☐ 문화유산

낱말, 쉽게 설명할게요

지역

뜻 지리적 혹은 사회적으로 나눠진 특정한 공간

친구 설명 우리 동네처럼 사람들이 모여 사는 정해진 범위

활용 우리 지역은 닭갈비가 유명해!

유래

뜻 어떤 사물이나 일이 생겨나게 된 시작

친구 설명 왜 시작되었는지 알 수 있는 것

활용 떡국은 오래 살기를 기원하는 뜻에서 유래되었다고 해.

지명

뜻 땅에 붙여진 이름

친구 설명 땅의 이름

활용 우리 마을의 지명인 '한들'은 어떤 뜻을 가진 걸까?

전설

뜻 예로부터 전해 오는 이야기

친구 설명 '옛날 옛날에'로 시작하는 이야기

활용 우리 마을에는 무서운 **전설**이 내려오고 있어.

여기서 잠깐: 민담, 옛이야기는 전설과 비슷한 뜻이야.

증언

뜻 어떤 사실을 증명하는 것, 또는 그 말

친구 설명 어떤 일에 대해 보거나 겪은 일을 말해 주는 것

활용 친구의 **증언**으로 나는 오해에서 벗어나게 되었다.

문헌

뜻 옛날에 있었던 일을 아는 데 증거가 되는 자료나 기록

친구 설명 과거에 일어난 일을 알 수 있는 기록

활용 조선 시대 **문헌**을 통해 역사적 사건을 정확하게 알 수 있어.

유물

뜻 선조들이 후손에 남긴 물건

친구 설명 옛날 물건 중 중요한 것

활용 유적이나 **유물**은 우리에게 남겨진 소중한 유산이야.

문화유산

뜻 다음 세대에 물려줄 만한 가치가 있는 사물이나 생활 양식

친구 설명 조상들이 후손에게 남길 만큼 가치 있는 것

활용 한글은 우리의 소중한 **문화유산**이야.

여기서 잠깐: 문화유산은 유형 문화유산과 무형 문화유산으로 나눌 수 있어. 유형 문화유산은 형태가 있는 것으로 탑, 서적, 건물, 생활용품 등을 말해. 무형 문화유산은 판소리나 탈춤, 사물놀이 같이 형태가 없는 것들이지.

낱말, 확인해 보아요

1. 빈칸에 어울리는 낱말을 보기 에서 찾아 쓰세요.

보기 지역 증언 전설 유물

① 우리나라에는 호랑이가 등장하는 (   )이 많아.

②우리 (   )은 갓이 유명해.

2. 보기 에서 지명에 해당하는 것을 찾아 ○ 하세요.

보기 경기도 벚꽃 서울 강원도 사과 의자 가평 잣 한라산

3. 빈칸에 공통으로 들어갈 낱말을 적으세요.

- 나는 오늘 법원에 가서 사실대로 (   )할 거야.
- 할머니가 엄마의 어릴 적 사건들을 생생하게 (   )해 주었어.
- 목격자들의 (   )으로 사건의 실마리가 풀리기 시작했어.

→ ....

4. 밑줄 그은 부분과 바꾸어 쓸 수 있는 낱말을 보기 에서 찾아 쓰세요.

보기

지명	문헌	유래
유물	증언	전설

①
경복궁에 가면 조선 시대 왕들이 사용한 물건들을 직접 볼 수 있어서 좋아.

(　　　　　　)

②
조선왕조실록은 조선 시대 궁궐에서 일어난 일들이 자세히 기록된 자료야.

(　　　　　　)

②
우리 마을의 이름에는 아름다운 뜻이 담겨 있어.

(　　　　　　)

5. 밑줄 친 낱말이 보기 와 같은 뜻으로 쓰인 것을 모두 고르세요. (　　　　　　)

보기 옛날부터 전해 내려오는 이야기

① 우리 마을 호수의 전설을 들었어.

② 우리 반 회장이 사건을 해결하려고 증언을 했어.

③ 이 민속놀이의 유래는 삼국 시대에 시작되었대.

④ 민담 속에는 다양한 동물들이 등장해.

6. 보기 의 문화유산을 유형 문화유산과 무형 문화유산으로 나누어 보세요.

보기

첨성대　수원 화성　아리랑
탈춤　풍물놀이

① 유형 문화유산: ....

....

② 무형 문화유산: ....

....

7. 문화유산에 대한 설명 중 알맞지 않은 것을 고르세요. (　　　　　)

① 조상에게 물려받은 것이다.

② 지역마다 다양하다.

③ 노래나 이야기는 문화유산이 될 수 없다.

④ 후손에게 전할 만큼 가치가 있는 것이다.

⑤ 다른 나라에도 널리 알려야 한다.

낱말, 정리해 보아요

1. 일정한 연 단위로 시간을 나누는 것

2. 어떤 기준에 의하여 구분한 일정한 기간

3. 사회의 변화된 모습과 과정

4. 사물이 지니고 있는 쓸모

5. 자녀와 자녀의 자녀, 그 자녀의 자녀들을 모두 이르는 말

6. 어떤 사실을 증명하는 것, 또는 그 말

7. 무언가를 스스로 자랑스럽게 여기는 마음

8. 어떤 사실을 기억하기 위해 남겨 놓은 것 또는 그런 글

9. 원래대로 회복함

10. 지리적 혹은 사회적으로 나눠진 특정한 공간

11. 땅에 붙여진 이름

12. 옛날에 있었던 일을 아는 데 증거가 되는 자료나 기록

13. 예로부터 전해 오는 이야기

14. 소중히 간직하는 물품

15. 시대를 구분하는 30년 정도의 기간, 같은 시대를 살아가는 비슷한 나이의 사람들

16. 다음 세대에 물려줄 만한 가치가 있는 사물이나 생활 양식

17. 연구나 조사 따위의 바탕이 되는 재료

18. 선조들이 후손에 남긴 물건

19. 땅 위에 지은 구조물 중에서 지붕, 기둥, 벽이 있는 건물을 통틀어 이르는 말

20. 어떤 사물이나 일이 생겨나게 된 시작

3 사회 변화와 다양한 문화

고령화　저출산　인구　구성원

갈등　인공 지능　대응하다　지원하다

정책　복지　조부모　종교

이주민　반려동물　차별　편견

존중　공정하다

3. 사회 변화와 다양한 문화 ①

사회 변화로 인해 나타나는 여러 가지 사회 현상과 그에 따른 생활 모습의 변화를 알 수 있어요. 이 내용과 관련된 낱말을 먼저 알아보아요.

천천히 읽어 보아요

잘 모르는 낱말은 낱말, 쉽게 설명할게요 를 참고해요!

반갑다, 새 낱말!

내가 알고 있는 낱말에 V표시하세요.

□ 고령화	□ 저출산(저출생)	□ 인구	□ 구성원	□ 갈등
□ 인공 지능	□ 대응하다	□ 지원하다	□ 정책	□ 복지

낱말, 쉽게 설명할게요

고령화

뜻 사회에 65세 이상의 사람이 차지하는 정도가 많아짐

친구 설명 아기보다 할머니 할아버지가 더 많아지는 것

활용 우리나라의 고령화가 점점 더 빨라지고 있다.

저출산(저출생)

뜻 새로 태어나는 아이의 수가 적음

친구 설명 아이들이 많이 없는 시대, 아이를 많이 안 낳음

활용 저출산 현상으로 초등학생의 수가 줄어들고 있다.

인구

뜻 일정한 지역에 사는 사람의 수

친구 설명 어떤 지역에 사는 사람들의 숫자

활용 옛날에는 우리나라 인구가 너무 많아 아이를 조금만 낳자는 캠페인을 벌이기도 했다.

구성원

뜻 어떤 조직이나 단체에 들어가 있는 사람

친구 설명 어느 단체에 속해 있는 사람들

활용 우리 가족 구성원의 수는 총 5명이야.

갈등

뜻 서로 원하는 것이 달라 어려운 상황

친구 설명 안 맞는 것, 누군가와 의견이 달라 싸우는 것

활용 친구들끼리 갈등이 일어나면 서로의 입장이 되어 생각해 보자.

인공 지능

뜻 컴퓨터가 사람처럼 학습해서 여러 가지 일을 스스로 하는 기술(AI)

친구 설명 사람이 아닌데 사람처럼 공부하고 생각하는 컴퓨터

활용 인공 지능으로 인해 미래 사회가 크게 변할 것이라고 해.

대응하다

뜻 어떤 일이나 상황에 맞추어 행동하다

친구 설명 무언가에 맞서다

활용 친구가 놀렸지만 나는 무관심으로 대응했다.

지원하다

뜻 지지하여 돕다

친구 설명 도와주다, 돈이나 일손처럼 필요한 것을 주다

활용 동물 보호 센터를 지원하기 위해 우리 반 친구들은 바자회를 열었다.

정책

뜻 어떤 목적을 이루기 위한 정치적 방법

친구 설명 나라에서 세운 대책, 대통령이 국회 의원들과 결정한 방법

활용 환경을 보호하기 위해 일회용품 사용을 줄이는 정책이 나왔다.

복지

뜻 모두가 행복하게 살 수 있도록 사회가 주는 도움

친구 설명 어려운 사람이나 약자를 도우며 함께 사는 것

활용 뉴스에 나오는 수화 방송은 청각 장애인을 위한 복지 중 하나이다.

낱말, 확인해 보아요

1. 아래의 글을 읽고 빈칸에 알맞은 말을 쓰세요.

㉠ 구성원: 어떤 단체에 들어가 있는 사람
㉡ 가족원: 가족 안에 있는 사람
㉢ 모둠원: 모둠 안에 있는 사람

아하! 원이라는 글자는 (   )을 나타내는구나.

2. 보기 는 '지원'의 여러 가지 뜻입니다. 밑줄 친 부분은 어떤 뜻으로 쓰였는지 보기 에서 골라 기호를 쓰세요.

보기 ㉠ 지지하며 도움 ㉡ 어떤 모임에 들어가기를 바람

① 나는 댄스 동아리에 지원했다. ( )

② 모든 초등학생들이 건강한 식사를 할 수 있도록 점심 급식을 지원한다. ( )

③ 유치원 동생들에게 책을 읽어 주는 것은 내가 동생들에게 할 수 있는 지원이다. ( )

④ 어린이를 위한 대표적인 지원은 모두가 안심하고 학교에 다닐 수 있도록 하는 것이다. ( )

3. 밑줄 친 낱말과 바꾸어 쓸 수 없는 낱말은 무엇인가요? ( )

우리 가족은 갈등이 생기면
가족회의를 열어 갈등을 해결합니다.

① 다툼 ② 충돌 ③ 문제 ④ 화해 ⑤ 다른 의견

4. 밑줄 친 글자와 의미가 통하는 낱말을 모두 연결하세요.

고령화　　저출산

높음　　낮음　　감소　　증가

5. 보기 의 글자를 조합해 뜻에 알맞은 낱말을 쓰세요.

보기　인　지　능　구　공　책　정

① 일정한 지역에 사는 사람의 수 (　　　)

② 컴퓨터가 사람처럼 학습해서 여러 가지 일을 스스로 하는 기술 (　　　)

③ 어떤 목적을 이루기 위한 정치적 방법 (　　　)

6. 오늘날 사회 변화의 예로 알맞은 문장에 ○ 하세요.

① 소아과 병원이 점점 줄어들고 있다. □

② 귤은 제주도에서 많이 나는 과일이다. □

③ 우리 지역은 산으로 둘러싸여 있고 산 아래로 강이 흐른다. □

④ 인공 지능의 발달로 자율 주행 자동차가 개발되었다. □

3. 사회 변화와 다양한 문화 ②

다양한 문화가 나타나며 일어나는 긍정적인 효과와 문제를 알고, 우리가 가져야 할 태도에 대해 배웁니다. 이 내용과 관련된 낱말을 먼저 알아보아요.

천천히 읽어 보아요

잘 모르는 낱말은 낱말, 쉽게 설명할게요 를 참고해요!

반갑다, 새 낱말!

내가 알고 있는 낱말에 V 표시하세요.

☐ 조부모 ☐ 종교 ☐ 이주민 ☐ 반려동물

☐ 차별 ☐ 편견 ☐ 존중 ☐ 공정하다

낱말, 쉽게 설명할게요

조부모

뜻 할아버지와 할머니

친구 설명 부모님의 엄마와 아빠

활용 조부모님께서는 손주들을 사랑하신다.

종교

뜻 신에 대한 믿음으로 어려움을 이겨 내거나 살아가는 이유를 찾는 문화

친구 설명 신을 믿는 것

활용 아주 옛날에는 나무나 돌을 믿는 종교도 있었다.

이주민

뜻 다른 지역에서 옮겨 와서 사는 사람

친구 설명 다른 나라에서 우리나라로 이사 온 사람

활용 우리 옆집에는 파키스탄에서 온 이주민이 있습니다.

반려동물

뜻 사람이 마음으로 의지하며 기르는 동물

친구 설명 내가 사랑을 주면서 키우는 개, 고양이, 새와 같은 동물

활용 내 반려동물은 고슴도치야.

여기서 잠깐: '반려'는 짝이 되는 친구라는 뜻이에요. 반려동물을 키우는 사람을 '반려인', 키우지 않는 사람을 '비반려인'이라고도 해요. 반려 식물을 키우는 사람도 있어요.

차별

뜻 둘 이상의 것을 차이를 두어 구별하고 다르게 대하는 것

친구 설명 이 사람한테는 친절하고 저 사람한테는 불친절하게 하는 것

활용 친구가 나를 무시할 때 차별당한다는 생각이 든다.

편견

뜻 공정하지 않고 한쪽으로 치우친 생각

친구 설명 어떤 대상에 대해 미리 가지고 있는 부정적인 생각

활용 곱슬머리인 사람은 고집이 세다고 생각하는 것은 편견이다.

여기서 잠깐: 편견은 차별의 원인이 되기도 해요.

존중

뜻 다른 사람이나 생각을 높여 소중히 대함

친구 설명 나와는 다른 상대방을 비난하지 않고 중요하게 생각하는 것

활용 웃어른을 존중한다는 의미로 우리는 높임말을 사용해요.

공정하다

뜻 모든 사람을 동등하게 대하고 규칙과 원칙에 따라 판단함

친구 설명 차별하지 않는 것

활용 친한 친구의 편만 들어 주는 것은 공정한 태도가 아니다.

여기서 잠깐: '공정'과 '공평'은 비슷한 듯하지만 달라요. '공정'은 사회적·도덕적으로 올바른지, '공평'은 한쪽으로 치우치지 않았는지에 초점을 둬요.

낱말, 확인해 보아요

1. 그림 속 인물들의 관계를 표시한 화살표를 보고 보기 에서 알맞은 말을 골라 빈칸에 써넣으세요.

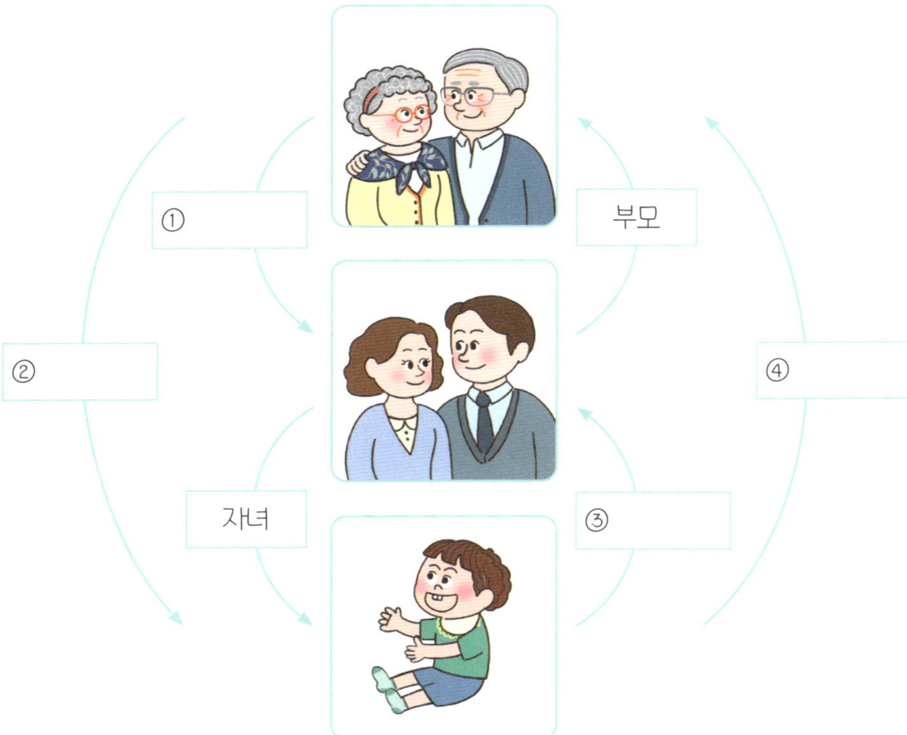

보기 자녀 손주 조부모 부모 형제

2. 밑줄 친 낱말과 바꾸어 사용할 수 있는 낱말을 모두 고르세요. (   )

인권이란 인간이라면 태어나면서부터
당연히 가지는 기본적인 권리를 말합니다.
모든 사람은 성별과 피부색, 신념, 종교 등에 관계없이
인권을 가지고 태어나며 동등하게 존중받아야 합니다.

① 바람직하게 ② 공평하게 ③ 똑같이
④ 동일하게 ⑤ 현명하게

3. 보기 에서 골라 (   )안에 알맞은 낱말을 쓰세요.

보기 날씨 환경 종교 편견

몽골 사람들은 넓은 초원을 찾아 가축과 이곳저곳 이동하며 살아갑니다. 그래서 이동하기 쉬운 집인 게르를 만들었습니다. 날씨가 추운 지역의 사람들은 동물의 털과 가죽으로 옷을 만들어 입습니다. 섬나라인 일본은 생선을 이용한 요리가 발달했습니다. 이처럼 (   )와 (   )에 따라 의식주가 달라지는 것을 알 수 있습니다.

4. 밑줄 친 낱말에서 '존중'이 바르게 쓰이지 않은 것을 고르세요. (　　　　　)

① 너희들의 개성을 존중하니 마음껏 표현하렴.

② 선생님은 항상 학생들의 의견을 존중해요.

③ 이 그림책은 생명 존중을 말하고 있어.

④ 가까운 친구일수록 서로 존중해야 한다.

⑤ 그 친구는 외모를 존중해서 겉모습으로 사람을 판단한다.

5. 다음 글에서 알 수 있는 가족의 형태는 무엇일까요? 어울리는 낱말을 보기 에서 찾아 O 하세요.

보기

다문화 가족	입양 가족
일인(1인) 가족	조손 가족

우리 엄마는 한국 사람이고 아빠는 중국 사람이다.
우리 엄마가 학생 때 중국에서 유학을 하다가 만났다고 한다.
엄마 아빠는 한국에서 결혼 생활을 시작했고 1년 뒤에 내가 태어났다.
아빠는 종종 인생에서 가장 잘한 일이 엄마와 결혼하고
나를 낳은 것이라고 말한다. 나는 그런 아빠가 참 멋있다.

6. 보기 의 단어 중 2개를 골라 문장을 만들어 보세요.

보기

종교	반려동물	차별
다문화	공정하다	존중

7. 빈칸에 공통적으로 들어갈 낱말을 쓰세요.

→ ____________

우리 이모의 결혼식 때
주례 선생님이 신랑과 신부는
서로 (　　　)자라고 소개했어.

내 동생은 선인장을 정말 애지중지 키워.
가끔 선인장에게 물을 주면서 말을
걸기도 해. (　　　) 식물인가 봐.

얘는 우리 집 막내 뭉치라고 해.
고양이 털이 실뭉치 같아서 그렇게 지었어.
우리 가족이 키우는 (　　　)동물이야.

낱말, 정리해 보아요

1. 서로 원하는 것이 달라 어려운 상황

2. 다른 사람이나 생각을 높여 소중히 대함

3. 사회에 65세 이상의 사람이 차지하는 정도가 많아짐

4. 새로 태어나는 아이의 수가 적음

5. 어떤 목적을 이루기 위한 정치적 방법

6. 신에 대한 믿음으로 어려움을 이겨 내거나 살아가는 이유를 찾는 문화

7. 모두가 행복하게 살 수 있도록 사회가 주는 도움

8. 지지하여 돕다

9. 컴퓨터가 사람처럼 학습해서 여러 가지 일을 스스로 하는 기술(AI)

10. 다른 지역에서 옮겨 와서 사는 사람

11. 일정한 지역에 사는 사람의 수

12. 어떤 일이나 상황에 맞추어 행동하다

13. 할아버지와 할머니

14. 사람이 마음으로 의지하며 기르는 동물

15. 둘 이상의 것을 차이를 두어 구별하고 다르게 대하는 것

16. 모든 사람을 동등하게 대하고 규칙과 원칙에 따라 판단함

17. 공정하지 않고 한쪽으로 치우친 생각

18. 어느 조직이나 단체에 들어가 있는 사람

4 옛날과 오늘날의 생활 모습

세시 풍속	명절	차례	성묘
풍년	덕담	음력	양력
교통로	교통수단	달구지	마차
가마	인력거	전차	자율 주행 자동차
나루터	나룻배	뗏목	돛단배
항구	유람선	여객선	통신

수단　통신 수단　봉수대　서찰

방　파발　라디오　팩시밀리

무인 주문 기계(키오스크)　전자 우편(이메일)

사회 관계망 서비스(SNS)　애플리케이션(앱)

사물 인터넷　원격 진료

4. 옛날과 오늘날의 생활 모습 ①

세시 풍속의 의미를 알고 옛날 사람들의 생활과 생각을 알 수 있어요. 옛날과 오늘날의 풍습을 비교하여 달라진 점을 말할 수 있어요. 이 내용과 관련된 낱말을 먼저 알아보아요.

천천히 읽어 보아요

잘 모르는 낱말은 낱말, 쉽게 설명할게요 를 참고해요!

20XX년 9월 1일 맑음

오늘 학교에서 추석 세시 풍속 체험을 했다. 선생님이 추석은 음력 8월 15일로 차례를 지내며 송편을 빚어 나누어 먹는다고 했다. 추석날 밤에는 소원을 빌며 강강술래를 한다고도 했다. 그때 우리 반 호철이가 "선생님, 올해 추석은 10월 6일인데요."라고 했다. 선생님은 빙그레 웃더니 양력 10월 6일이 음력으로는 8월 15일이라고 알려 주셨는데 머릿속이 뒤죽박죽되었다.

반갑다, 새 낱말!

내가 알고 있는 낱말에 V 표시하세요.

☐ 세시 풍속	☐ 명절	☐ 차례	☐ 성묘
☐ 풍년	☐ 덕담	☐ 음력	☐ 양력

낱말, 쉽게 설명할게요

세시 풍속

뜻 매년 계절에 따라 사람들이 즐기는 특별한 음식이나 놀이

친구 설명 옛날부터 특별한 날에 맞춰 놀이를 하거나 음식을 먹는 것

활용 무더운 여름, 복날이 되면 삼계탕을 먹는 것은 세시 풍속 중 하나입니다.

명절

뜻 나라에서 날을 정하여 함께 기념하거나 축하하는 날

친구 설명 설날, 추석 등 친척들이 모두 모이는 날

활용 성탄절은 외국에서 매우 큰 명절이야.

차례

뜻 명절날 아침이나 낮에 조상을 위하여 정성이 들어간 음식을 바치는 일

친구 설명 죽은 사람에게 음식을 바치는 것

활용 설날과 추석날 아침에는 차례를 지냅니다.

여기서 잠깐: 제사는 매년 조상님이 돌아가셨던 날 밤에 지내요. 돌아가신 분을 그리워하고 기억하자는 의미가 담겨 있지요.

성묘

뜻 주로 명절에 조상의 무덤을 찾아가 돌보는 일

친구 설명 돌아가신 분의 무덤에 가는 것

활용 추석 전에 성묘를 다녀오는 차들이 많아 도로가 꽉꽉 막혔다.

풍년

뜻 농사가 매우 잘되어 수확할 것이 많은 상태

친구 설명 어떤 해에 수확할 곡식이 많은 것

활용 올해 농사의 풍년을 기원하며 달님에게 소원을 빌었어요.

여기서 잠깐: '풍년'은 농사가 아닌 다른 상황에서 무언가 많이 얻었을 때에 쓰기도 해.

덕담

뜻 잘되기를 바라며 하는 말

친구 설명 좋은 말을 주고받는 것

활용 할머니께서 나에게 건강하라며 덕담을 해 주셨다.

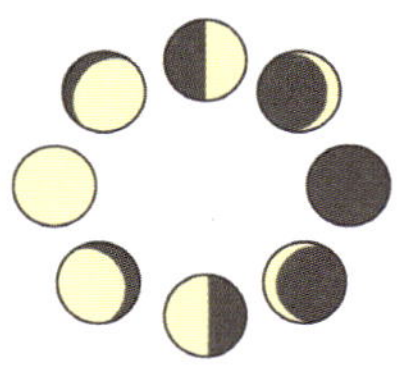

음력

뜻 예로부터 우리 조상들이 쓰던 달력으로 달이 움직이는 것을 보고 만든 달력

친구 설명 달력에 있는 작은 날짜

활용 우리 할머니 생신은 음력이야.

양력

뜻 오늘날 주로 사용하고 있으며 태양이 움직이는 것을 보고 만든 달력

친구 설명 달력에 크게 쓰여 있는 날짜

활용 우리 할아버지께서는 1월 1일을 양력 설, 신정이라고 하셔.

낱말, 확인해 보아요

1. 아래의 달력 그림을 보고 양력과 음력 중 알맞은 말을 쓰세요.

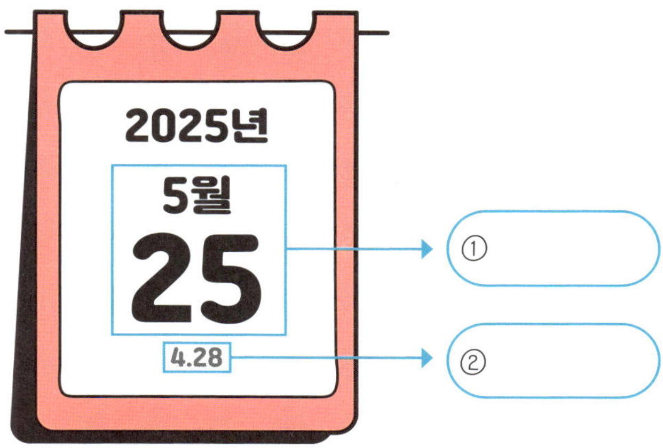

2. 달력을 보고 빈칸의 날짜를 써 보세요.

추석은 음력 8월 15일이고

올해 추석은 양력으로 (　) 월 (　) 일입니다.

3. 보기 는 '차례'의 여러 가지 뜻입니다. 밑줄 친 부분은 어떤 뜻으로 쓰였는지 보기 에서 골라 기호를 쓰세요.

보기
㉠ 명절날 아침이나 낮에 조상을 위하여 정성이 들어간 음식을 바치는 일
㉡ 순서에 따라 돌아오는 기회
㉢ 책이나 글을 찾기 쉽게 구분해 놓은 항목
㉣ 일이 일어나는 횟수

① 내가 발표할 차례가 다가오니 가슴이 쿵쾅거리기 시작했다. ( )

② 설날에 차례를 지낸 뒤, 웃어른께 세배를 드렸다. ( )

③ 동화책을 읽고 감동적이었던 장면을 찾기 위해 차례를 찾아보았다. ( )

④ 짝이 지우개를 빌리고 돌려주지 않은 일이 두 차례나 있어 화가 났다. ( )

4. 아래의 낱말 중 어울리지 않는 하나를 골라 ○하세요.

설　　추석　　제사

성묘　　차례

5. 아래의 빈칸에 공통으로 들어갈 낱말을 쓰세요.

- 아무쪼록 올해도 곡식이며 과일이며 (   )이 들게 해 주세요.
- 동생을 잘 돌보는 누나에, 스스로 공부하는 동생까지 이 집은 자식 농사가 (   )이구나.
- 우리 형이 졸업 축하로 받은 세뱃돈과 선물이 (   )이어서 너무 부러웠어.

➡ ……………………

6. 아래의 글은 계절에 따라 우리 조상들이 했던 일을 나타낸 글입니다. 보기를 보고 빈칸에 알맞은 말을 쓰세요.

보기 계절 운세 성묘 세시 풍속 차례 날씨

① 우리 조상들은 주로 농사를 지었기 때문에 (   )과(와) (   )에 따라 세시 풍속이 달랐습니다.

② 우리 조상은 새해가 되면 (   )를 점쳐 보았는데 그 (   )이 아직 남아 있습니다.

7. 설날에 가장 듣고 싶은 덕담은 무엇인가요? 듣고 싶은 덕담과 이유를 쓰세요.

덕담: ....

....

이유: ....

....

....

....

....

....

....

4. 옛날과 오늘날의 생활 모습 ②

옛날에는 무엇을 타고 이동하고 짐을 옮겼을까요? 옛날과 오늘날의 교통수단과 교통수단의 발달에 따른 생활 모습의 변화를 알 수 있어요. 다양한 교통수단 중에 땅 위를 다니는 것과 관련된 낱말을 알아보아요.

천천히 읽어 보아요

잘 모르는 낱말은 낱말, 쉽게 설명할게요 를 참고해요!

반갑다, 새 낱말!

내가 알고 있는 낱말에 V 표시하세요.

☐ 교통로 ☐ 교통수단 ☐ 달구지 ☐ 마차

☐ 가마 ☐ 인력거 ☐ 전차 ☐ 자율 주행 자동차

낱말, 쉽게 설명할게요

교통로

뜻 자동차, 기차, 비행기 등 탈것이 이용하는 길

친구 설명 자동차나 전철 등이 움직여서 이동하는 길

활용 도시는 교통로가 복잡해.

교통수단

뜻 사람이 이동하거나 물건을 옮길 때 쓰는 탈것들

친구 설명 사람이 타고 다니는 것

활용 환경을 보호할 수 있는 교통수단으로는 무엇이 있을까?

여기서 잠깐: 대중교통 수단이라는 것은 여러 사람들이 함께 이용하는 탈것을 말해. 대표적으로는 버스나 지하철, 기차가 있어.

달구지

뜻 소나 말이 끄는 짐수레

친구 설명 강아지똥 책에서 소가 끌고 다니던 것

활용 시골에서 달구지를 타 본 적이 있어.

마차

뜻 말이 끄는 수레

친구 설명 신데렐라가 무도회장에 갈 때 탔던 것

활용 마차를 타고 무도회장으로 왕자를 만나러 떠났어요.

가마

뜻 사람 여럿이 들어 옮기는 작은 집 모양의 탈것

친구 설명 옛날 결혼식에서 신부가 타고 가는 것

활용 어르신이 가마를 타고 한양으로 떠났다.

인력거

뜻 사람을 태우고 사람이 끌던, 바퀴가 두 개인 수레

친구 설명 바퀴 달린 의자를 사람이 끌고 가는 것

활용 인력거를 끄는 일을 하는 사람을 인력거꾼이라고 해요.

전차

뜻 공중에 설치한 전선으로부터 전기를 받아 일정한 길 위로 다니는 차

친구 설명 전기로 움직이는 짧은 기차

활용 전차를 처음 본 사람들은 무척 신기해했어.

여기서 잠깐: 전차가 발달해 기차, 고속 철도가 되면서 우리나라의 어디든 금방 갈 수 있게 되었어.

자율 주행 자동차

뜻 사람이 운전하지 않아도 스스로 달리는 자동차

친구 설명 자동으로 운전해 주는 자동차

활용 자율 주행 자동차 덕분에 운전이 편해진다고 합니다.

여기서 잠깐: 앞으로는 새로운 교통수단으로 하이퍼루프(초고속 진공 열차), 드론 자동차, 드론 택시 등이 생길 거야.

낱말, 확인해 보아요

1. 그림에 알맞은 낱말을 연결하세요.

① 인력거 • • ㉠ 

② 마차 • • ㉡ 

③ 달구지 • • ㉢ 

④ 가마 • • ㉣ 

2. 보기 의 낱말에서 교통수단을 모두 골라 O 하세요.

보기			
지하철	전화기	가마	버스
기차	비행기	인력거	라디오

3. 송송이가 말하는 빈칸에 들어갈 낱말이 무엇인지 쓰세요.

송송: 우리 아빠가 그러는데 알아서 운전해 주는 자동차가 있대.

칠칠: 에이, 거짓말! 자동차가 어떻게 혼자 움직이냐. 그럼 사고 나고 위험하지.

송송: 아니야! ○○○○ 자동차라고 찾아봐. 진짜야!

➡ ....

4. 보기 의 글자를 조합해 빈칸에 알맞은 낱말을 쓰세요.

보기				
달	구	차	지	
로	전	교	가	통

① 할아버지가 소에 (　　　)를 달고 장에 가셨어.

② 옛날 서울에는 전기를 이용한 (　　　)가 다녔대.

③ 미래에는 하늘을 나는 새로운 (　　　)수단이 나타날 거야.

④ 서울의 (　　　)는 혼잡해!

5. '가마'에는 여러 가지 뜻이 있어요. 밑줄 친 부분은 어떤 뜻으로 쓰였는지 보기 에서 골라 기호를 쓰세요.

보기
㉠ 머리카락이 한곳을 중심으로 빙 돌아 나서 소용돌이 모양이 된 부분
㉡ 숯이나 도자기 등을 구워 내는 시설
㉢ 곡식이나 소금을 가마니에 담아 그 양을 세는 단위
㉣ 사람 여럿이 들어 옮기는 작은 집 모양의 탈것

① 가마는 옛날 사람들이 이용했던 교통수단이야. ( )

② 아빠가 쌀 한 가마를 옮겼어. ( )

③ 나는 머리에 가마가 두 개 있어서 불편해. ( )

④ 흙으로 빚은 그릇을 가마에 넣고 구우면 멋진 그릇이 될 거야. ( )

6. 보기 에 나온 교통수단들 중에서 타 보고 싶은 것을 고르고 그 이유를 적어 보세요.

보기 가마 인력거 달구지 마차 자율 주행 자동차

① 내가 고른 교통수단: ....

② 이유: ....

....

낱말, 정리해 보아요

1. 매년 계절에 따라 사람들이 즐기는 특별한 음식이나 놀이

2. 잘되기를 바라며 하는 말

3. 명절날 아침에 조상을 위하여 정성이 들어간 음식을 바치는 일

4. 농사가 매우 잘되어 수확할 것이 많은 상태

5. 주로 명절에 조상의 무덤을 찾아가 돌보는 일

6. 예로부터 우리 조상들이 쓰던 달력으로 달이 움직이는 것을 보고 만든 달력

7. 오늘날 주로 사용하고 있으며 태양이 움직이는 것을 보고 만든 달력

8. 나라에서 날을 정하여 함께 기념하거나 축하하는 날

9. 사람 여럿이 들어 옮기는 작은 집 모양의 탈것

10. 공중에 설치한 전선으로부터 전기를 받아 일정한 길 위로 다니는 차

11. 자동차, 기차, 비행 등 탈것이 이용하는 길

12. 사람이 이동하거나 물건을 옮길 때 쓰는 탈것들

13. 말이 끄는 수레

14. 사람을 태우고 끌던, 바퀴가 두 개인 수레

15. 사람이 운전하지 않아도 스스로 달리는 자동차

16. 소나 말이 끄는 짐수레

4. 옛날과 오늘날의 생활 모습 ③

옛날에는 무엇을 타고 이동하고 짐을 옮겼을까요? 옛날과 오늘날의 교통수단과 교통수단의 발달에 따른 생활 모습의 변화를 알 수 있어요. 다양한 교통수단 중에 물 위를 다니는 것과 관련된 낱말을 알아보아요.

천천히 읽어 보아요

잘 모르는 낱말은 낱말, 쉽게 설명할게요 를 참고해요!

반갑다, 새 낱말!

내가 알고 있는 낱말에 V 표시하세요.

☐ 나루터　　☐ 나룻배　　☐ 뗏목　　☐ 돛단배

☐ 항구　　☐ 유람선　　☐ 여객선

낱말, 쉽게 설명할게요

나루터

뜻 강이나 하천 등에서 나룻배가 드나드는 곳

친구 설명 작은 배가 있는 곳

활용 나루터에 배를 타려는 사람들이 모여 있어.

여기서 잠깐: 나루는 나루터의 줄임말로 쓰여.

나룻배

뜻 나루와 나루 사이를 오가며 사람이나 짐을 실어 나르는 작은 배

친구 설명 강가에 있던 작은 배

활용 사공은 쉬지 않고 노를 저어 나룻배를 빠르게 움직였다.

여기서 잠깐: 노를 저어 배를 움직이는 일을 하는 사람을 사공이라고 해.

뗏목

뜻 통나무 여러 개를 가지런히 엮어서 물에 띄워 사람이나 물건 따위를 옮기도록 만든 것

친구 설명 텔레비전에서 무인도 탈출할 때 타는 나무로 만든 배

활용 뗏목에 누가 짐을 이렇게 많이 실었지?

돛단배

뜻 돛을 이용하여 움직이는 배

친구 설명 바람이 불어야 가는 요트 같은 배

활용 바다에 돛단배가 떠 있어.

여기서 잠깐: '돛'과 '닻'의 차이를 알고 있니? 돛은 배가 바람을 받을 수 있도록 펼치는 천이야. 닻은 배를 한곳에 멈출 때 물살에 떠내려가지 않도록 고정하기 위해 내리는 갈고리지. 그래서 배가 출발할 때 "닻을 올려라!"라고 이야기해. 또 새로운 출발의 의미로 '닻을 올리다'라는 표현을 쓰기도 해.

항구

뜻 강가나 바닷가에 배가 안전하게 드나들도록 만든 공간

친구 설명 배 타는 곳

활용 항구에 가면 많은 배를 볼 수 있습니다.

유람선

뜻 관광하는 사람들을 태우고 주변을 둘러보는 배

친구 설명 관광지에 가서 타는 배

활용 한강에서 유람선을 타며 서울 풍경을 보았다.

여객선

뜻 여행하는 사람들을 태워 나르는 배

친구 설명 사람들이 여행을 목적으로 타는 배

활용 제주도로 가는 여객선에 사람이 많아.

여기서 잠깐: 배는 목적에 따라 여러 종류의 이름을 가지고 있어. 여행객과 자동차를 실을 수 있는 배는 카페리, 짐이나 물건을 나르는 배는 화물선이라고 한단다.

낱말, 확인해 보아요

1. □에 공통으로 들어갈 글자는 무엇인가요? (　　　　　　)

여객□: 여행하는 사람들을 태워 나르는 배

화물□: 물건이나 짐을 실어 나르는 배

유람□: 관광하는 사람들을 태우고 주변을 둘러보는 배

① 차　　② 선　　③ 기　　④ 배　　⑤ 지

2. 보기 의 '돛'과 '닻' 중 알맞은 낱말을 골라 빈칸에 써넣으세요.

보기
- 돛 배가 바람을 받을 수 있도록 펼치는 천
- 닻 배를 한곳에 멈출 때 물살에 떠내려가지 않도록 고정하기 위해 내리는 갈고리

① 돛단배는 ◯을 이용하여 바람으로 움직이는 배야.

② 여객선이 멈추자 ◯을 내렸다.

③ 배는 ◯에 바람을 싣고 바다 위를 달려 나갔어.

④ ◯을 펼치고 ◯을 올린 배는 바다로 출발했어.

3. (　　　　　) 안의 낱말 중 알맞은 것에 ○ 하세요.

① (나루터 / 나룻배)에서 선비가 강을 건너기 위해 (나루터 / 나룻배)를 기다리고 있어.

② (여객선 / 항구)을 타고 중국에 가기 위해 (여객선 / 항구)에서 기다리고 있어.

③ 무인도를 탈출하기 위해 통나무를 엮어서 (뗏목 / 유람선)을 만들었어.

4. 보기 와 같이 주어진 낱말을 넣어 문장을 만드세요. 순서는 상관없어요.

보기 선비 / 나루터 / 나룻배 → 선비는 나루터에서 나룻배를 타고 강을 건넜어.

① 한강 / 유람선 / 관광

➡ ....

....

② 일본 / 여객선 / 여행

➡ ....

....

5. 나머지 낱말과 종류가 다른 하나의 낱말을 찾아 ○하세요.

①

유람선 여객선 나루터 카페리 화물선

②

나룻배 달구지 뗏목 돛단배

6. 보기 의 속담이 무슨 뜻인지 적어 보세요.

보기 사공이 많으면 배가 산으로 간다

7. 보기 의 교통수단 중 하나를 골라 설명하는 짧은 글을 쓰세요.

보기 유람선 나룻배 뗏목 돛단배 여객선 카페리

① 내가 고른 교통수단: ……………………………………

② 설명: ……………………………………

4. 옛날과 오늘날의 생활 모습 ④

옛날에는 어떻게 소식을 전했을까요? 옛날의 통신 수단에 대해 설명할 수 있어요. 이 내용과 관련된 낱말을 알아 보아요.

천천히 읽어 보아요

잘 모르는 낱말은 낱말, 쉽게 설명할게요 를 참고해요!

일요일에 남산에 가서 케이블카를 탔다. 광장에서 내려 올라가다 보니 왼쪽에 봉수대가 보였다. 봉수대 앞에는 <목면산 봉수대 터>라고 써 있었다. 낮에는 환하니까 불이 아니라 연기를 피워서 멀리서도 보이게 했다고 한다.

통신 수단이 발달하지 않았던 옛날에는 방을 붙여서 소식을 알리거나 직접 서찰을 들고 가야 하니 참 오래 걸렸다고 한다. 아주 급한 일은 어떻게 알렸을까?

반갑다, 새 낱말!

내가 알고 있는 낱말에 V표시하세요.

☐ 통신　　☐ 수단　　☐ 통신 수단　　☐ 봉수대

☐ 서찰　　☐ 방　　☐ 파발

낱말, 쉽게 설명할게요

통신

뜻 우편, 텔레비전이나 라디오, 전화, 인터넷 등으로 정보와 생각을 주고받음

친구 설명 멀리 떨어져 있을 때 연락하는 것, 소식을 보내는 것

활용 스마트폰을 사면 어떤 통신사를 선택해야 할까?

수단

뜻 하고 싶은 것을 이루기 위한 방법이나 도구

친구 설명 무언가를 위한 방법 또는 도구

활용 수단과 방법을 가리지 말고 꼭 이겨라!

통신 수단

뜻 소식을 전하고 연락하기 위한 방법이나 도구

친구 설명 휴대 전화나 인터넷, 문자 메시지 등 서로 소식을 전하는 방법

활용 요즘은 통신 수단이 발달해서 해외에 있는 친구와도 연락하기가 쉽다.

봉수대

뜻 옛날에 불과 연기로 위급한 소식을 알리던 통신 시설

친구 설명 옛날에 불을 붙여서 상황을 알리던 곳

활용 적이 나타났다! 봉수대에 횃불을 올려라!

서찰

뜻 안부, 소식, 볼일을 다른 사람에게 적어 보내는 글

친구 설명 안부나 소식을 전하는 글, 편지의 옛말

활용 공주는 벗에게 서찰을 써서 보냈다.

방

뜻 옛날에 중요한 일을 알리기 위해 벽에 써 붙인 글

친구 설명 옛날에 중요한 일을 알리던 벽보

활용 딸을 낫게 해 주면 재산의 반을 주겠다는 방이 붙었다.

파발

뜻 조선 시대에 말을 타거나 걸어서 긴급한 소식을 전달하던 제도 혹은 전하던 사람이나 말

친구 설명 옛날에 급한 소식을 전하던 방법

활용 이 사실을 임금님께 알려야 하니 어서 빨리 파발을 보내시오.

여기서 잠깐: 파발에는 걸어서 소식을 전하는 보발과 말을 타고 소식을 전하는 기발이 있었어.

낱말, 확인해 보아요

1. '수단'에는 여러 가지 뜻이 있어요. 밑줄 친 부분은 어떤 뜻으로 쓰였는지 보기 에서 기호를 골라 쓰세요.

보기
㉠ 어떤 목적을 이루기 위한 방법이나 도구
㉡ 일을 처리하는 솜씨
㉢ 아프리카 동북부에 있는 나라 이름

① 유럽에서는 열차처럼 생긴 트램이라는 교통수단을 많이 이용한대.
( )

② 그 어려운 일을 이렇게 잘 끝내다니! 수단이 정말 좋구나!
( )

③ 수단의 북쪽에는 이집트가, 서쪽에는 차드가 있다.
( )

④ 그림은 자신을 표현하는 자연스러운 수단이다.
( )

2. 아래의 낱말 중 어울리지 않는 하나를 골라 ○ 하세요.

파발 ( ) 봉수대 ( ) 방 ( ) 문자 메시지 ( )

3. (   )의 낱말 중 알맞은 것에 O 하세요.

① 수상한 사람을 찾는 (**방** / **서찰**)이 도성 안에 여기저기 붙었다.

② (**봉수대** / **파발**)에 올라오는 횃불의 수를 보면 적군이 어디까지 왔는지 알 수 있습니다.

③ 가장 빠른 (**교통수단** / **통신 수단**)을 타고 부산으로 와!

4. 알맞은 낱말과 그림을 선으로 연결하세요.

① 봉수대   ② 서찰

㉠

㉡

㉢

㉣

5. 보기 에서 두 개의 낱말을 골라 문장을 만들어 보세요.

보기 방 파발 말 봉수대 연기 임금

4. 옛날과 오늘날의 생활 모습 ⑤

통신 수단의 변화에 따른 정보 교류와 의사소통 방식의 변화를 알 수 있어요. 또 통신 수단의 발달로 달라진 생활 모습도 배워요. 이 내용과 관련된 낱말을 알아보아요.

천천히 읽어 보아요

잘 모르는 낱말은 낱말, 쉽게 설명할게요 를 참고해요!

OO 뉴스 202X년 5월 X일

햄버거 먹기 힘드네

최근 무인 주문 기계(키오스크)가 널리 보급되며 사용법을 모르는 노인들이 어려움을 겪고 있다. 10분 넘게 해 보았지만 결국 햄버거를 사지 못하고 발걸음을 돌렸다는 것이다. 스마트폰으로 배달 앱을 사용하는 것도 노인들에게는 어려운 일이다. 젊은이들은 텔레비전이나 라디오 방송보다 사회 관계망 서비스(SNS)에서 많은 정보를 얻는다. 각종 안내도 전자 우편(이메일)이나 스마트폰 문자 메시지로 주고받는다. 빠르게 변화하는 시대 속에서 새로운 통신 수단에 빨리 적응하지 못하는 사람들을 위한 배려가 필요하겠다.

반갑다, 새 낱말!

내가 알고 있는 낱말에 V 표시하세요.

☐ 라디오 ☐ 팩시밀리 ☐ 무인 주문 기계(키오스크)

☐ 전자 우편(이메일) ☐ 사회 관계망 서비스(SNS) ☐ 애플리케이션(앱)

☐ 사물 인터넷 ☐ 원격 진료

낱말, 쉽게 설명할게요

라디오

뜻 방송국에서 전파로 방송하는 음성을 들을 수 있는 장치

친구 설명 화면이 없고 소리로만 뉴스, 노래를 들을 수 있는 방송 혹은 기계

활용 아빠가 틀어 놓은 라디오에서 클래식 음악이 나온다.

팩시밀리

뜻 전화선을 이용하여 사진이나 문서를 주고받는 통신 장비

친구 설명 문서를 보낼 수 있는 기계

활용 보험금 청구서를 팩시밀리로 보내 주세요.

여기서 잠깐: 팩시밀리는 보통 팩스라고 말해. 오늘날에도 전 세계 여러 공공 기관과 회사에서는 팩스를 사용해. 컴퓨터나 인터넷이 없어도 종이 문서 원본을 간편하게 보낼 수 있기 때문이래.

무인 주문 기계
(키오스크)

뜻 사람을 만나지 않고 안내를 받거나 주문할 수 있는 기기. 음식점, 병원, 백화점, 박물관, 공공 기관 등에 설치되어 있음

친구 설명 직원 없이 간편하게 사용하는 주문 기계, 손님들이 알아서 주문하는 기계

활용 키오스크 앞에 손님들이 길게 줄을 서서 그냥 나왔어.

전자 우편
(이메일)

뜻 인터넷으로 주고받는 편지. 특정한 회사에 가입하여 개인 주소를 받아 사용함

친구 설명 인터넷 편지

활용 메일함에 새로운 전자 우편(이메일)이 많이 쌓였다.

사회 관계망 서비스
(SNS)

뜻 인터넷으로 쉽게 소식을 주고받으며 관계를 맺을 수 있는 서비스

친구 설명 SNS, 다른 사람들 사진과 영상이 나오는 앱, 다른 사람들이 볼 수 있게 사진이나 노래, 글을 올리는 앱

활용 사회 관계망 서비스(SNS)에서 네가 어제 올린 사진 봤어.

여기서 잠깐: 누리 소통망 서비스 또는 소셜 네트워크 서비스라고도 해. 우리나라에서는 흔히 SNS라고 불러. 하지만 나라마다 부르는 이름이 조금씩 달라.

애플리케이션(앱)

뜻 스마트폰이나 태블릿 등의 기기에서 사용하는 소프트웨어

친구 설명 어떤 일이나 게임을 하기 위해서 휴대 전화에 깔아야 하는 것들

활용 앱을 하도 많이 깔아서 스마트폰에 저장 공간이 없다.

사물 인터넷

뜻 우리 주변의 모든 사물이 인터넷으로 서로 연결되어 정보를 주고받는 기술

활용 사물 인터넷을 활용해서 집 밖에서도 불을 켜고, 보일러 온도를 조절하고, 세탁기도 돌릴 수 있는 시스템을 스마트홈이라고 해.

원격 진료

뜻 환자와 의사가 직접 만나지 않고 인터넷을 통해 진단하고 처방을 내리는 일

친구 설명 집에서 병원 진료를 받는 것

활용 코로나19 사태 이후에 원격 진료를 하는 병원이 늘어났다.

낱말, 확인해 보아요

1. (　　　　　)의 낱말 중 알맞은 것을 골라 O 하세요.

① 우리 할머니는 운전을 하면서 (**라디오** / **텔레비전**)을(를) 많이 들으셔.

② (**사물 인터넷** / **팩시밀리**) 기술 덕분에 밖에서도 보일러를 켜고, 세탁기를 작동시킬 수 있다.

③ 작년 담임 선생님이 (**키오스크** / **전자 우편**) 주소를 알려 주셨어.

2. 보기 의 낱말 중 하나를 골라 (   ) 안에 쓰세요.

보기

팩시밀리　　전자 우편　　라디오

무인 주문 기계　　사회 관계망 서비스

① 테이블에 놓인 (   )로 돈까스와 우동을 주문했다.

② 인터넷 연결이 되지 않으니 신청서를 써서 (   )로 보내 주세요.

③ (   )는 소리만 나오는 텔레비전이다.

④ 카카오톡, 페이스북, 인스타그램, 틱톡과 같은 서비스를 (   ) 라고 해.

3. 알맞은 낱말과 그림을 선으로 연결하세요.

① 키오스크　　② 라디오　　③ 전자 우편

㉠

㉡

㉢

4. 보기 에서 3개 이상의 낱말을 골라 이야기를 만들어 보세요.

보기

원격 진료　　무인 주문 기계(키오스크)　　라디오

전자 우편(이메일)　　사회 관계망 서비스(SNS)　　애플리케이션(앱)

낱말, 정리해 보아요

1. 통나무 여러 개를 가지런히 엮어서 물에 띄워 사람이나 물건 따위를 옮기도록 만든 것

2. 강가나 바닷가에 배가 안전하게 드나들도록 만든 공간

3. 우편, 텔레비전이나 라디오, 전화, 인터넷 등으로 정보와 생각을 주고받음

4. 우리 주변의 모든 사물이 인터넷으로 서로 연결되어 정보를 주고받는 기술

5. 방송국에서 전파로 방송하는 음성을 들을 수 있는 장치

6. 관광하는 사람들을 태우고 주변을 둘러보는 배

7. 돛을 이용하여 움직이는 배

8. 안부, 소식, 볼일을 다른 사람에게 적어 보내는 글

9. 강이나 하천 등에서 나룻배가 드나드는 곳

10. 나루와 나루 사이를 오가며 사람이나 짐을 실어 나르는 작은 배

11. 여행하는 사람들을 태워 나르는 배

12. 옛날에 중요한 일을 알리기 위해 벽에 써 붙인 글

13. 하고 싶은 것을 이루기 위한 방법이나 도구

14. 소식을 전하고 연락하기 위한 방법이나 도구

15. 사람을 만나지 않고 안내를 받거나 주문할 수 있는 기기(키오스크)

16. 인터넷으로 주고받는 편지

17. 옛날에 불과 연기로 위급한 소식을 알리던 통신 시설

18. 전화선을 이용하여 사진이나 문서를 주고받는 통신 장비

19. 조선 시대에 말을 타거나 걸어서 긴급한 소식을 전달하던 제도

20. 인터넷으로 쉽게 소식을 주고받으며 관계를 맺을 수 있는 서비스(SNS)

21. 스마트폰이나 태블릿 등의 기기에서 사용하는 소프트웨어(앱)

22. 환자와 의사가 직접 만나지 않고 인터넷을 통해 진단하고 처방을 내리는 일

정답

1 우리가 사는 곳

우리가 사는 곳 ①

<낱말, 확인해 보아요>

1. ② ④
2. 동선
3. ① 누리집 ② 장소
4. 시설
5. ②

우리가 사는 곳 ②

<낱말, 확인해 보아요>

1. ① 답사 ② 디지털 영상 지도 ③ 확대, 축소
2. ① 디지털 영상 지도 ② 백지도
   ③ 인공위성, 항공 사진
3. ① ③
4. ①-㉠, ②-㉡, ③-㉢
5. 예) 디지털 영상 지도는 내가 원하는 대로 지도를 확대하고 축소할 수 있어 정말 편하다.

< 낱말, 정리해 보아요 >

1. 여가	2. 인공위성
3. 백지도	4. 시설
5. 디지털 영상 지도	6. 경계
7. 위치	8. 장소감
9. 배치	10. 지형지물
11. 공공 기관	12. 누리집
13. 안내도	14. 확대
15. 축소	16. 답사

2 일상에서 만나는 과거

일상에서 만나는 과거 ①

<낱말, 확인해 보아요>

1. ① 역사관 ② 자긍심
2. 1800년대: 지게, 절구, 짚신
   2000년대: 스마트폰, 로봇 청소기, 빨래 건조기
3. ②
4. 가치
5. 세대
6. ① ㉢ ② ㉡ ③ ㉠

일상에서 만나는 과거 ②

<낱말, 확인해 보아요>

1. ② ③
2. ④
3. 자료
4. 예) 나의 애장품: 돌고래 인형
   소개하기: 나는 어릴 때부터 바다를 좋아했어. 그래서 엄마 아빠와 함께 수족관에 갔을 때 엄마 아빠가 선물로 돌고래 인형을 사 줬어. 동그란 눈이 나한테 사랑한다고 말해 주는 것 같아서 나는 이 인형을 정말 좋아해.

일상에서 만나는 과거 ③

<낱말, 확인해 보아요>

1. ① 전설 ② 지역
2. 경기도, 서울, 강원도, 가평, 한라산
3. 증언
4. ① 유물 ② 문헌 ③ 지명
5. ① ④
6. ① 유형 문화유산: 첨성대, 수원 화성
   ② 무형 문화유산: 아리랑, 탈춤, 풍물놀이
7. ③

< 낱말, 정리해 보아요 >

1. 연대	2. 시대
3. 역사	4. 가치
5. 후손	6. 증언
7. 자긍심	8. 기록
9. 복원	10. 지역
11. 지명	12. 문헌
13. 전설	14. 애장품
15. 세대	16. 문화유산
17. 자료	18. 유물
19. 건축물	20. 유래

③ 사회 변화와 다양한 문화

사회 변화와 다양한 문화 ①

<낱말, 확인해 보아요>

1. 사람
2. ① ㉡ ② ㉠ ③ ㉠ ④ ㉠
3. ④
4. 고령화: 높음, 증가 / 저출산: 낮음, 감소
5. ① 인구 ② 인공 지능 ③ 정책
6. ① ④

사회 변화와 다양한 문화 ②

<낱말, 확인해 보아요>

1. ① 자녀 ② 손주 ③ 부모 ④ 조부모
2. ② ③ ④
3. 날씨, 환경
4. ⑤
5. 다문화 가족
6. 예) 반려동물을 진정으로 사랑하기 위해서는 생명 존중에 대한 책임감이 있어야 한다.
7. 반려

< 낱말, 정리해 보아요 >

1. 갈등	2. 존중
3. 고령화	4. 저출산
5. 정책	6. 종교
7. 복지	8. 지원하다

9. 인공 지능　10. 이주민
11. 인구　12. 대응하다
13. 조부모　14. 반려동물
15. 차별　16. 공정하다
17. 편견　18. 구성원

4 옛날과 오늘날의 생활 모습

옛날과 오늘날의 생활 모습 ①

<낱말, 확인해 보아요>

1. ① 양력　② 음력
2. 예) 2025년일 경우 10월 6일
3. ① ㉡　② ㉠　③ ㉢　④ ㉣
4. 제사
5. 풍년
6. ① 날씨, 계절　② 운세, 세시 풍속
7. 예) 덕담: 키가 무럭무럭 자라거라.
   이유: 나는 항상 키가 작은 것이 고민이기 때문이다. 올해는 꼭 키가 많이 컸으면 좋겠다.

옛날과 오늘날의 생활 모습 ②

<낱말, 확인해 보아요>

1. ①-㉠, ②-㉡, ③-㉣, ④-㉢
2. 지하철, 가마, 버스, 기차, 비행기, 인력거
3. 자율 주행
4. ① 달구지 ② 전차 ③ 교통 ④ 교통로
5. ① ㉣　② ㉢　③ ㉠　④ ㉡
6. 예) 내가 고른 교통수단: 가마
   이유: 예쁜 한복을 입고 가마를 타 보고 싶다. 가마가 편안한지 느껴 보고 싶다.

<낱말, 정리해 보아요>

1. 세시 풍속　2. 덕담
3. 차례　4. 풍년
5. 성묘　6. 음력
7. 양력　8. 명절
9. 가마　10. 전차
11. 교통로　12. 교통수단
13. 마차　14. 인력거
15. 자율 주행 자동차　16. 달구지

옛날과 오늘날의 생활 모습 ③

<낱말, 확인해 보아요>

1. ② 선
2. ① 돛　② 닻　③ 돛　④ 돛, 닻
3. ① 나루터, 나룻배　② 여객선, 항구　③ 뗏목
4. 예) ① 한강에서 유람선을 타고 관광을 했는데 너무 재미있었다.
   ② 여객선을 타고 일본 여행을 가기 위해 떠났다.
5. ① 나루터　② 달구지
6. 예) 여러 사람이 각자 자기주장만 내세우면 일이 제대로 되지 않고 엉뚱한 방향으로 흘러간다.

7. 예) ① 내가 고른 교통수단: 유람선

② 설명: 유람선은 단순히 이동 수단이 아닌 즐거운 경험을 선물해 주는 특별한 배야. 강이나 바다가 있는 관광지에서 볼 수 있고 유람선에 탄 승객들은 강을 돌며 아름다운 풍경을 감상할 수 있어. 작은 강을 다니는 유람선부터, 대양을 횡단하는 거대한 크루즈까지 다양한 유람선이 있단다.

옛날과 오늘날의 생활 모습 ④

<낱말, 확인해 보아요>

1. ① ㉠ ② ㉡ ③ ㉢ ④ ㉠
2. 문자 메시지
3. ① 방 ② 봉수대 ③ 교통수단
4. ①-㉠, ②-㉣
5. 예) 적군이 쳐들어오자 봉수대에 곧바로 연기가 피어올랐다.

옛날과 오늘날의 생활 모습 ⑤

<낱말, 확인해 보아요>

1. ① 라디오 ② 사물 인터넷 ③ 전자 우편
2. ① 무인 주문 기계 ② 팩시밀리 ③ 라디오 ④ 사회 관계망 서비스
3. ①-㉡, ②-㉢, ③-㉠
4. 예) 내 휴대 전화는 저장 공간이 부족할 정도로 애플리케이션이 많다. 틱톡, 인스타그램 등의 사회 관계망 서비스뿐만 아니라 게임, 그림 그리기 등이 있다. 애플리케이션이 너무 많아서 가끔 아이디나 비밀번호를 잃어버리면 전자 우편으로 인증하고 아이디와 비밀번호를 찾곤 한다.

< 낱말, 정리해 보아요 >

1. 뗏목
2. 항구
3. 통신
4. 사물 인터넷
5. 라디오
6. 유람선
7. 돛단배
8. 서찰
9. 나루터
10. 나룻배
11. 여객선
12. 방
13. 수단
14. 통신 수단
15. 무인 주문 기계
16. 전자 우편
17. 봉수대
18. 팩시밀리
19. 파발
20. 사회 관계망 서비스
21. 애플리케이션
22. 원격 진료

<낱말, 쉽게 찾아요>